# RECUERDOS DEL ALMA

# RECUERDOS DEL ALMA

*Poemas, cuentos cortos del alma, del corazón y buen humor*

Maria Elena (Malena) Peñalosa

**Para realizar pedidos de este libro, contacte con:**
Palibrio
1663 Liberty Drive, Suite 200
Bloomington, IN 47403
Gratis desde EE. UU. al 877.407.5847
Gratis desde México al 01.800.288.2243
Gratis desde España al 900.866.949
Desde otro país al +1.812.671.9757
Fax: 01.812.355.1576
ventas@palibrio.com
832186

# ÍNDICE

Hace ya algunos años se publicó mi libro *Siempre en Mi corazón*, con bastante aceptación por parte de mis lectores, la mayoría miembros de la familia y amigos de toda la vida, (ese era el propósito primordial).

Disfruto escribir sobre cualquier tema que me complace y expresar mis sentimientos e ideas que corren por esta cabeza loca. Se presenta la oportunidad de publicar nuevos escritos y estoy muy entusiasmada por hacerlo.

En mi familia paterna prevalece la inquietud de la expresión oral, escrita o armoniosa y tenemos algunos talentos reconocidos. No pretendo tanto, solo quiero dejar ciertas impresiones y relatos familiares para que no se les olvide a las siguientes generaciones.

Por favor sean indulgentes al leerlo.

Con cariño


Malena
Año 2021

# DEDICATORIA

A Dios, por tantas bendiciones y gracias con
que me colma diariamente.

A mi hijo Ricardo, leal, honesto y bueno
como el pan de dulce.

A mi nieto Ricardo Miguel, por su
alegría, cariño y noble corazon.

A mis hermanas: Mina, Ana y Connie;
a mi hermano Miguel y a todas sus familias,
por su cariño y empeño en mantener
siempre la unidad familiar.

**Malena**

# REFLEXIONES

*El silencio, abre la puerta a la prudencia;*
*La tolerancia, abre la puerta a la armonía y*
*El amor, abre la puerta al cielo.*

*Dicen que la fe mueve montañas;*
*yo agrego que la oración*
*mueve a Dios.*

# DESDÉN

El pájaro en la montaña
Tiene donde hacer su nido,
Y el amor de mis entrañas
No quiere vivir conmigo.

Que tristes están las nubes
Cuando el viento se las lleva,
Pero se ponen contentas
Cuando hacen juntas que llueva.

Que voy a hacer, madre santa,
Si le quiero más que a Dios,
A ti te quise primero,
Pero este, es amor de dos.

Ojalá que fuera invierno
Ojalá que no haga frio,
Ojalá que fuera otoño
Para tomar nuevos bríos.

*Mep.*
*8-31-2016*

# PARA ABEL EN SU CUMPLEAÑOS

Estos versitos los hice
Para alguien muy especial
Quien celebra su cumpleaños
De manera patriarcal.

Es muy bueno, es muy fiel,
Siempre alegre como miel,
Quien pudiera, quien tuviera
Otros muchos como él.

Que los cumplas muy felices
Siempre lleno de salú
Que te alaguen, te bendigan
Como lo mereces tú.

Mep
Marzo 17, 2020

# QUE VAS A HACER CATALINA

Que vas a hacer Catalina
ya no tienes a Betí
perrita noble y muy fina
14 años fue de ti.

Tu sombra y fiel compañera
siempre siguiéndote a ti
mas que guardián, amiga era
ya no tienes a Betí.

Que te sirva de consuelo
haber tenido ese can
debe de estar en el cielo,
los perritos también van!

# SOÑE QUE UN DÍA PERMISO TUVE DE IR AL CIELO EN UNA NUBE

Saber quería, que cosa hacían
los Peñalosa que allá vivían.

Vi a Mariquita doctrina dando
a cada uno que iba llegando,
José el Abuelo, pintando auroras y
Miguel Ángel, puestas de sol.

Tía Josefina en repostería
y su hija Chela que la seguía;
Mi tío Pachelo con su camión
hace la entrega sin comisión,

Mi tío Francisco colgando estrellas
y mi tía Anita dándoles luz

Mi tío Joaquín dicta que dicta
Toda reforma que se le indica.
y mi tía Luz con Poncho atenta,
y Nelly, Joaquín y su hijo
Dando la mano si se presenta.

Mi tío Jorge y mi tío Manuel
revisan salmos que les pidió EL

Mi tío Carlos repasa listas
de cuantas almas llegan previstas.
y tía Chabela prendiendo velas
para la próxima procesión.

Mi tío Pepe checa rebaños
cantando nanas años tras años.

Mi tía Alfonsina tiene a su cargo
altas funciones en comisión,
ella en la puerta del cielo espera
y a los que llegan da recepción.

Y mi tío Jaime el más pequeño
reparte abrazos con mucho empeño.

Mi tía Aurora tenía a su cargo
a los pequeños que a escuela van
para graduarse mas adelante
y ser un día Ángel Guardián.

Vi a mi Mama haciendo bastillas
en toda tunica celestial.
A mi tía Lupe tejiendo nubes
de fino encaje y canuto real

Que gusto tuve de ver a todos
desempeñando alguna función
como quisiera que a mi me toque
estar cerca de ellos como misión.

Mep. 2015

# SONETO DE VERANO

Los últimos rayos del sol,
Jugueteando en el arroyo.
El rumor de las estrellas,
Meciéndose con el viento.
La falda de la luna,
Rozando la cumbre de la montaña
mientras baila,
Con los grillos que al unísono,
Tocan la sonata del sueño,
Y las cigarras haciendo segunda y contrapunto.
Ya bajó el calor,
El alma reposa,
El espíritu se aquieta,
A la voz del ángel
Que anuncia su presencia.
Bálsamo perfecto
Para el mal de amores,
Perfume encantado
Con olor a flores.
¡Válgame la Virgen!
¡Ya llegó Jesús!
Señor de mi vida
Señor de la luz.

Amen

*M.E.Penalosa*
*Sept. 2015*

# TUYA

Yo contemplé Tu luz, Señor
Tu resplandor divino,
Señal de tu presencia
En mi camino.

De Tu voluntad y ternura, prisionera,
esclava y dueña de tu amor, quisiera.

Aunque no vuelva a verla,
Ya soy tuya,
Con una sola vez,
Hasta que muera.

Malena Peñalosa
Febrero 27, 2015

7

# Y ES REZAR?

Y es rezar? Si el rezo mío
En canto se ha convertido,
Canto alegre, canto triste,
Canto al fin por redimirme.

Y es rezar? Si mi alabanza
Me derrite el corazon,
Al pensar que en el tablón
Tu cuerpo ha sido clavado.

Rezo que brota del alma
Debe ser rezo que calma,
Y que aviva mi pasión
Al pensar que solo estabas,
Cristo de mi corazon!

Mi oración unida a ti,
Me transforma en suave brisa,
Que tus manos acarician
Y clama tu bendición.

Como dejar de rezar
Al sentir tu cercanía,
Cuando tú presencia es mía
Cuando es tuyo mi cantar.

María Elena Peñalosa
Chula Vista, CA 2014

# SI NO FUERA POR MI FE

Si no fuera por mi fe,
No sé dónde yo anduviera,
Dando vueltas por el mundo
Como en su jaula, la fiera.

Que esperanza puede haber
De encontrar lo que una quiera
Sin la fe y la caridad
Que me sostengan de veras.

Si no fuera por mi fe,
Ya me hubiera yo perdido
En las tinieblas del ruido
En la obscuridad del mal.

Cuanta bondad, Oh Dios mío,
Cuanto amor inmerecido,
Si soy menos que el olvido
Si soy menos que animal,
Mas tu gracia, Mi Señor
Es la que me hace inmortal.

María Elena Peñalosa
Chula Vista, Enero 2015

# ESTÁS DORMIDO JESÚS

Estás dormido Jesús
recostado en esa barca;
ruge el viento y la tormenta
me ha llenado de temor.

Se me olvida, mi Señor
que aun dormido, estas pendiente
de la humanidad doliente,
que no para de gemir.

Cuantas veces, aun dormida
sigo incesante en mi ruego,
pues quiero que ni un instante
te olvides que estoy aquí.

Que necedad de pedir, cuando
lo que estoy pidiendo
ya me lo has dado contento
y todavía mucho más.

Mirarte dormido quiero,
como en la barca de Pedro;
tu divina humanidad
rendida por las bondades
que concedes sin cesar.

La próxima vez que pida,
lo haré con manos abiertas,
para que rebose en ellas
tu amor y tu caridad;
así lo que se derrame
he de compartir con todos
igual como has hecho tu.

Entonces, Jesus de mi alma,
me recostaré rendida,
y la tormenta sombría
me arrullara igual que a ti.

M.E.P.
Julio 2020

# ORACIÓN DE CONFIANZA

Aquí estoy Señor,
confiada y segura en tu presencia.
Como no buscarte,
Si eres todo para mí.

Porque en todo momento
y en todo lugar
has estado conmigo.
En mis noches obscuras, me diste luz;
En mis días aciagos, esperanza.

Tú, que en mis soledades
me hiciste compañía,
en mis dolores, me consolaste;
en mis temores, me fortaleciste;
en mis alegrías, te regocijaste conmigo;
en mis necesidades, proveíste siempre;
en mis angustias, me aconsejaste;
en mis enfermedades me aliviaste;

El enamorado de mi alma
El consentido de mi corazón
El depositario de todo mi amor.

Gracias por amarme, como me amas
y sobre todo por permitirme amarte,
con todas mis imperfecciones,
Ingratitudes y omisiones.

Como no buscarte, Señor
Si eres todo para mí.

*María Elena Peñalosa*
*Chula Vista, California*
*8-3-2012*

# EL REGALO

Resucitó, Aleluya!,
Canta el coro celestial
Resucitó, Aleluya!,
Hoy es la fiesta Pascual.

Con bendiciones y gracias
Arribó extraño paquete
Que contendrá esta cosa?
Me preguntaba curiosa.

Al abrirlo que sorpresa!
Que es lo que adentro hay?
Un arbolito Bonsái!

Obsequio, de saben quién?
Los que siempre hacen el bien.

Un granado en miniatura
Recuerdos de infancia pura.

Ya lo imagino cargado
De rojas y dulces frutas
El dilema se presenta;
Para poderlas gustar,
¿Cómo las voy a pelar?

Para mis primos Abel y Lupita
Con mi cariño y agradecimiento
Por tan hermoso detalle.


María Elena Peñalosa
Abril 5, 2015

# A MI PRIMA GRACIELA

*Homenaje*

Anoche me avisaron
que acabas de morir
que tristeza tan grande
que te tengas que ir.


En ese mismo instante
mi alma suspiró
y un sollozo muy fuerte
mi corazón soltó

Rezando por tí estaba
cuando empecé a escuchar
como rumor de alas
incesante aletear
acaso eran las nubes que lloraban por mi?
o Ángeles del Cielo que vinieron por ti?

Si llorando tu ausencia
honramos tu memoria
siguiendo tus ejemplos
iremos a la Gloria.

# CANTO A UN POETA: TIO JORGE ✝

Homenaje

Vivió en un rinconcito
de la Baja California,
un rinconcito bonito
lleno de paz y de amor......

A esta tierra tan querida
venimos hoy a entregar,
otro hijo predilecto
que en ella va a reposar.

Inquietudes de poeta,
laureles de historiador,
ilustrar era su meta
la inspiración siempre a flor.

En Tecate vio al lucero
y por ello hizo traer
a su madre y sus hermanos
a que lo vieran con el.

Aquí formó a su familia
y vio a sus hijos crecer,
fue esposo fiel y amoroso
ejemplo de todos fue.

Tío Jorge, hoy te lloramos,
tu ausencia será sentida
pero también le cantamos
a lo que hiciste en la vida.

El mundo correr quisiera
- Qué me aconsejas lucero,
y el astro le dijo – Espera,
Tecate guarda tu amor.. ...

# PSALM

Oh Lord, My God!
Where were You when I was
so chained to my sins?
I knew you were there,
but I could not feel your presence.
Oh Lord, My God!

Because you want us all
To be saved.
You had mercy on me and
released me from my bondage.
I traded my freedom
for your compassion.
Oh Lord, My God!

Then ...
the sun light, was like your love,
the stars shining in the darkness
like your mercy,
the wind like
the touch of your embrace,
the fire the warmth of your trust,
and the running water like
your gentle touch that cleanse me.

Oh Lord, My God!
How can I not love and praise you?
I will sing your wonders
For the rest of my days.

Your compassion calms my spirit
And your greatness fills it with awe
Oh Lord, My God!

# QUE PADRE LA CASA

Que Padre la casa que se hizo Miguel!
Rosalba y sus hijas, contentas como él.
En buena colonia, de mucha subida,
Con casas muy lindas de bello jardín,
Lueguito se nota que son de postín.

Fachada elegante y banqueta de lujo
Bonitas las rejas y más las ventanas.
Que gira en sí misma la puerta de entrada
Que enmarca y adorna bonito dintel,
Que Padre la casa, que se hizo Miguel!

Por dentro, la entrada te causa sorpresa,
Con luz indirecta, y bella pared.
Peldaños volando tiene la escalera
Que arriba conduce con gran ligereza.

Los baños de sueño con muchos espejos
Los pisos losetas mejor que azulejos,
En las regaderas todo muy moderno
Ganas de bañarte te dan solo al verlos.

La cocina, el sueño de una cocinera
Toda de aluminio, madera y demás
Que Padre, el proyecto de así decorar
Con todo y lo poco que has necesitar.

Todas las recamaras, amplias y bonitas
Con pisos muy padres, roperos inmensos
Supongo que llenos están de mil cosas
Que espacio no sobra ni en casa ni en choza.

Que Padre la casa que se hizo Miguel
Rosalba y sus hijas, contentas como el,
Que Dios los bendiga y los colme de bien
Que sean muy felices y sanos también.

Con cariño
Malena, Enero 2015

# A MI TÍA ANITA

Homenaje

Desde que la conocí
fue una tía muy respetada
madre modelo y esposa
por todos muy bien amada.

Fue la esposa de Rutilo
y de Francisco también
para sus cuñados "Rana"
para sus hijos Mamá

Siempre, siempre cariñosa,
amable con todos fue
Los Parientes de esa rosa
lloran por que no la ven.

Ahora, ya está en el cielo
Gozando de Dios, su anhelo

Tía Anita descansa en paz

# A MI PRIMO JUAN JOSE

Homenaje

Junio 12, 2012

Bendita la hora en que te fuiste al cielo.
Bendito el momento de tu sanación.
Ya nada te duele, Ya nada te aqueja,
Ya está como nuevo ese corazón.

Bendita familia que te vio nacer.
Bendita familia que viste crecer:
tu esposa, tus hijos, tu nuera, tus nietos.
tus primos, sobrinos y demás parientes
que por tantos años supiste querer.

Ya gozas de Dios, mi querido primo,
Dios uno, Dios trino. Dios que es todo amor.

Te extrañamos mucho, mi querido primo,
tu risa, tu encanto, tu amor y tu canto.
Mariachis con alas salen a tu encuentro,
a cantar se ha dicho con fuerza y vigor.

Te recordaremos con mucho cariño,
tu ingenio, tu afecto, tu solicitud y más
Ya estás en el cielo, mi querido Juan
Ya estás en la gloria,
Descansando en Paz.

Con cariño, tu prima María Elena

# SEÑOR DE LOS SILENCIOS

Escucha mi alabanza sin palabras,
Himno de silencios perfumados
De mañanas de sol,
de pan recién horneado.

Canto silencioso de alegría,
canto silencioso de amor.

Señor de los silencios
antes de pronunciar el mío
ya lo escuchaste,
antes de ofrecerlo, ya te complace.

Líbrame de la oscuridad del desaliento,
de la aceptación sin alegría.

Silencio de amor,
Silencio de adoración,
Silencio de gratitud,
Silencio de ofrecimiento,
Silencio de contrición.

*Mep.*
*04-18-2017*

# MI HIJO RICARDO

Desde pequeñito mostró una afabilidad extraordinaria. Fue un niño feliz, rodeado de adultos que, aunque no lo mimaron demasiado, si le prestaban mucha atención y le festejaban sus gracias. Desde que comenzó a decir sus primeras palabras, las pronunciaba bastante bien para un niño de dos añitos. Mi papá se encantaba con el y pronto empezó a dibujarle caricaturas en cualquier trozo de papel que encontrara. Conservo una colección de aproximadamente unas 80, desde meses de edad hasta los 13 años cuando papá murió.

Mi Papá tenia la costumbre de comprar y leernos cuentos desde que teníamos uso de razón. Costumbre que conservó con mi hijo también. En algunas ocasiones le leía algún pasquín simpático que caía en sus manos. Uno de estos era uno espantoso que se llamaba Hermelinda Linda, se trataba de una mujer media tuerta y con un cuerpo bastante exuberante sobre todo del trasero. Mi Papá seguía fielmente el texto, pero si la figura de la mujer estaba de espaldas, siempre agregaba: "Que tremendo sálate" (la palabra sálate se refiere a un árbol bastante frondoso que produce una frutita redonda, que tiene una hendedura en la mitad y que parece un trasero) por lo tanto en lugar de decir "que tremendo trasero, utilizaba el otro mas pintoresco.

Pues sucedió, que este niño pronto asoció el adjetivo con la realidad. En esa ocasión una amiga de mi hermana, poquito entradita en carnes, se estaba cambiando de ropa y no le dio importancia al niño de tres años que estaba en la recamara. Cuando ella se agachó de espaldas, el niño dijo: Que tremendo sálate! Como ella conocía la palabra, pues la escuchaba de mi hermana, empezó a reírse a carcajadas y dijo: Los niños y los borrachos siempre dicen la verdad! Que pena!.

Cuando nos mudamos a los Estados Unidos, fue duro para el acostumbrarse al cambio. Al regresar de la escuela no había nadie que lo esperara en casa. Además estaba en un país en que se hablaba inglés y el no. Eso si, a los 3 meses ya hablaba como nativo. Me dió una lección que nunca he olvidado. Durante el primer mes de clases, creí ayudarle hablándole en inglés y me pidió que en casa solo se hablara el español y que el practicaría su inglés en la escuela. No quería olvidar su español como otros niños mexicanos que el conocía. Pronto se adaptó, como tantos otros niños que llegan de otros países, pero en casa se habla español, aun ahora. El resultado de esto es que no tiene acento en ninguno de los dos idiomas.

Cuando llegaban las vacaciones, se preparaba con mucho entusiasmo para ir a la dos veces heroica ciudad de Guaymas, Sonora en México, donde residían mis padres. Emprendía el viaje al día siguiente que terminaban las clases y regresaba dos o tres días antes de que se iniciaran, justo a tiempo para comprarle lo necesario.

Guaymas es un bello puerto. En esa ciudad residían dos hermanas y un hermano de mi mamá, con sus familias. Una de ellas vivía al cruzar la calle de la playa en Miramar y todos los días muy temprano salía acompañado de: Skipper, perro de raza Collie, Bonito, de raza Silky Terrier y otro agregado de unos vecinos. Recorría la playa con una fisga que le había mandado confeccionar el tío Eduardo y con ella ensartaba cangrejos o jaibas. Lo llamaban a desayunar y regresaba a casa para después volver a la playa en la tarde, pero en esta ocasión a nadar con el resto de la familia. Volvía irreconocible del color moreno subido. El tío Eduardo, Vasco y para más señas, marino, le consiguió un caracol especial que utilizan en los puertos los marinos auténticos y con el que llaman a tierra y le enseñó a tocarlo. Estuvo en nuestra posesión por mucho tiempo hasta que notamos su desaparición.

Todas estas experiencias contribuyeron a formar su carácter, pero sobre todo a apreciar la unidad familiar y a encontrar placer en las cosas pequeñas y tradicionales. Allá también hizo su Primera Comunión. Le estuve preparando por unos meses. Una de las cosas que no se le grababa del catecismo era: En que lugar instituyó Nuestro Señor Jesucristo la Eucaristía?. Cuando llegábamos a esa pregunta se quedaba en blanco. La respuesta es: En el Cenáculo. Por fin un día, le dije, mira para que no se te olvide piensa en "cena y culo". Se que es irreverente, pero no fue con ninguna mala intención. Hasta la fecha si le preguntan, contesta inmediatamente que, En el Cenáculo.

Aprendió a nadar muy bien y a no tenerle miedo al mar. Las playas del golfo de Cortes son encantadoras, claras, largas, de aguas tranquilas y tibias. Cuando falleció mi Papa, Mamá se mudó con nosotros a Estados Unidos y ya no volvió.

Todavía recuerda con nostalgia sus vacaciones de verano al lado de los abuelos a quienes quiso entrañablemente. Le encanta recordar sus estancias en esa ciudad. Ya no están las tías ni el tío, se fueron al cielo. Mis padres descansan juntos en un nicho de una Iglesia Franciscana.

Dice mi hijo que disfrutó mucho su niñez en la que el cariño y la atención de su familia le dieron bases firmes para ser un hombre de principios y además apreciar la unidad familiar.

"Hacerte hombre presentó fuertes retos, pero siempre los superaste. No terminaría nunca de mencionarlos. Pero cuando la vida te enfrento a la realidad de convertirte en padre, lo hiciste con dignidad y mucho amor. Pero el tiempo mostró que lo pudiste hacer, no sin esfuerzo, pero maravillosamente. Gracias por mantenerme siempre cerca de ustedes, me diste a mí la oportunidad de volver a ser mamá"

Padre de Ricardo Miguel, mi nieto. Ejemplar por su dedicación, su responsabilidad y sobre todo por su comprensión y apoyo incondicional.

Ahora que ya empieza a tener polvito blanco en las sienes, entiendo cuanto agradeces a Dios y a la vida el ser Papá. Siempre dice que tuvo un buen ejemplo en mis padres, en mí y en la familia en general.

Mis ojos se alegran cuando le veo llegar y después de mi gravedad, como siempre, sigue siendo mi encanto. Leal y responsable, incondicional y amoroso. Mis hermanas, sus tías, a las que siempre llamó por su primer nombre, le admiran y aman entrañablemente. Yo espero con ansia los domingos cuando vienes a pasar el dia conmigo y disfrutamos de nuestra mutua compañía. Me deleita preparar el tipo de comida que aprendí de mi Mamá y que disfruta tanto cuando viene. Si vamos al mercado, me cuida como a una niña, tratando de maniobrar en los supermercados el cochecito para personas menos validas, temiendo que atropelle a un cristiano y le aplane los callos, o me lleve de corrido todo el pasillo. Bang!!!!!!!!!!!!

Estoy tan orgullosa de él. Dios continúe bendiciéndole y a todos los que lo rodean. Yo lo hago diario.


Malena
12/10/2017

# MI NIETO RICARDO
# MIGUEL

Desde que nació posee un carisma muy especial. Don de Dios! afable, sonriente, afectuoso, le gusta estar entre familia, amigos etc. Amante de la música y muy entonado y bueno para bailar.

De pequeñito, aprendió primero a silbar que hablar. Su abuela, yo, le silbaba tonaditas y él se fijaba en mis labios y en el aire que salía, así que pronto lo supo hacer, sin tonada, pero con ruido. La primera ocasión que lo escucharon sus padres, fue en su casa y se quedaron sorprendidos de escucharlo.

Ya que empezó a hablar, se aprendía "nanas" o canciones de las tías abuelas, o de sus primas (que en realidad son sus tías, por ser primas de su papá y que nos visitaban con frecuencia. Una de ellas era su favorita. Iba más o menos así: Un minero, en una mina, una hija, poseía, era bella, era fina y se llamaba Clementina .. Todo esto con la tonada de la canción folclórica de los años durante la fiebre de oro en California.

Cuando ya caminaba y hablaba, los llevábamos a un parque cercano, para utilizar los columpios, resbaladeros, etc. Feliz de estar con alguien.

Saludaba con mucha efusión a quien le decíamos que era su tío, primo o familiar, en general dándoles un abrazo y beso. Muy cortés y siempre con la sonrisa a flote.

Al crecer, durante los años que estuve trabajando en Los Ángeles, esperaba con ansias el fin de semana cuando llegaba y cuando tenía que recogerme en la estación del tren era su gusto más grande. En algunas ocasiones me fueron a visitar allá y la pasaba muy feliz.

Después vino mi cambio a Texas. Eso fue una experiencia nueva para él. Estaba tan acostumbrado a mi presencia en su vida que le costó trabajo adaptarse. Como yo tenía que venir a California con cierta frecuencia, siempre trataba de venir a San Diego para ver a la familia y principalmente a él, aunque fuera por uno o dos días. Hubo oportunidad de que hiciera el viaje a visitarme acompañando a una de mis hermanas. Estuvieron por allá una semana en la cual yo también estuve de asueto y traté de llevarlos a los sitios más entretenidos del área.

Afortunadamente a los dos años, me transfirieron a San Diego y ya nos veíamos cada fin de semana que pasaba conmigo sin falta. Aprendió a rezar el Santo Rosario con las Letanías y todo, porque me oía recitarlo todas las tardes. Cuando lo iba a dejar a su casa el fin de semana por el camino íbamos rezando el Rosario siempre. Aun ahora, se recuerda de todos los rezos.

Durante sus vacaciones escolares, se venía a mi casa y se instalaba por dos meses feliz. Ya tenía amistades aquí con los niños de los vecinos y también lo llevaba a que tomara clases de natación. Aprendió muy bien e hizo muchos amigos Cuándo el Banco donde yo laboraba, decidió cerrar la oficina de este lugar me ofrecieron el traslado a Los Ángeles y opté por no aceptar. Para beneplácito de él y mío, sobre todo.

Después terminó su Prepa y decidió continuar en un Colegio de este rumbo por lo que me pidió venirse a vivir aquí conmigo. Como pensaba tomar algún trabajo de medio tiempo para sus gastos personales, yo le dije que buscara cerca de su casa y cerca de aquí. Donde lo llamaran primero sería la respuesta. Por buena suerte fue acá.

Estuvo yendo al Colegio, pero como estaba muy saturado, no alcanzaba aceptación en algunas clases y se frustraba con frecuencia. Entonces empezó a buscar un trabajo con futuro y lo encontró gracias a una amiga de la familia quien le dio la oportunidad, con la advertencia de que si la hacía "quedar mal" no lo recomendaría nunca más. Cumplió su palabra y estuvieron encantados con él hasta que decidió buscar otros caminos.

Tiene una perrita de raza Staffordshire Terrier que se llama Cocó y le acepté que la adoptara porque la dichosa perrita nació el mismo día que yo. Excelente guardián, cariñosa, mimada e imponente.

Ahora mi nieto ha seguido por nuevos senderos y vive en otra ciudad no muy lejos de aquí. Me visitan con frecuencia él y Coco la cual entra feliz reconociendo todos los rincones y husmeando en el patio para buscar intrusos.

Sigue tan afable como siempre, ha hecho algunos amigos, se mantiene cerca de la familia y trata de pasar todas las festividades con nosotros. Me llama lo menos 3 o 4 veces a la semana.

Tenemos un lazo muy especial. Aprendió bastante español aquí en casa y lo practica en su trabajo cuando lo necesita.

No hace mucho tiempo, fui casi víctima de un atentado de fraude por teléfono. Ya saben, esas llamadas de un joven que pretende ser el sobrino o el nieto y que tuvo un accidente y se lastimo la nariz o la boca y por eso su voz es diferente. Pero el caso es que necesitan dinero para pagar la fianza y salir de la detención hasta que le toque el juicio. Algo por el estilo, yo había escuchado eso de otras personas conocidas a las que trataron de engañar y por lo tanto estaba, primero algo preocupada, pero al empezar a hacerle preguntas me percate del engaño y cuando el presunto abogado me llamo para darme información sobre el accidente lo primero que pregunto es que si estaba dispuesta a darle el dinero y le di la escusa más natural del mundo, "de donde lo saco si soy más pobre que una piedra". Uff! me salvé de esa. Cuando le comenté a mi nieto y a su papá. Quedamos en una contraseña y en la siguiente ocasión que recibí otra llamada por el estilo, claro que se descubrió "el pariente". No se salvó de la maltratada que le di, y muy merecida. Después nos festejábamos con beneplácito del éxito de nuestro plan.

Podría escribir páginas sin fin de sus peripecias, experiencias, etc. pero ya son muy personales y yo se respetar su privacidad.

Dios me lo guarde por muchos años. I love you, m'hijo.


Grandma

# ME ENCANTA

Ver a los niños practicando el soccer por las tardes en los parques. Corriendo y tirando puntapiés al aire tratando de tocar el balón. Especialmente los pequeños que aún no entienden muy bien cuál es el propósito del juego, pero van por que los llevan sus padres que parecen más entusiasmados que ellos. Verlos durante un partido en el que lucen sus uniformes y sus perneras que los convierten en casi-robots en miniatura. Si sientes tristeza o melancolía sin saber de dónde viene, vete a un parque en las tardes de verano y te garantizo que con solo ver a los niños practicar y correr se te olvida.

Descubrir en mi jardín el nido de tortolitas. Vigilarlas y caminar a su derredor con cautela para no perturbarlas. Y después descubrir el nido con una o dos avecitas que miran con sus ojitos de cristal negro como si fueras transparente.

El nido de gorriones que cuelga entre las hojas del árbol de Magnolia en el frente de mi casa y enseñarlo a todos los que vienen o pasan por frente.

Avistar la ardillita que sale de la ladera posterior de mi casa; que se para frente a su covachuela: primero atisba el clima, después el ambiente, y por último la seguridad; entonces decide salir a explorar, buscar forraje o simplemente a tomar el sol, paradita y jugando a lavarse las manos en el sol.

Ver el árbol de magnolia en el verano cuando se llena de flores más grandes que mi cara, que perfuman las noches frente a mi ventana. Recoger las hojas del árbol cuando está floreando, porque es el precio que pago a cambio de su hermosura. Regalar sus flores cuando recién se abren o ponerlas en un recipiente para que floten en la mesa del comedor.

Cortar rosas del jardín y preparar un ramo para el tocador de mi recamara donde tengo un crucifijo y la imagen de la virgen María. Una variedad es la llamada "doble delicia" porque originalmente los botones aparecen con los pétalos blancos con orillas rojas y conforme se van abriendo la flor, cambia toda y se torna en rojo flama con una fragancia extraordinaria. Los ramos de rosas blancas que mezclo con las rojas y parecen pinceladas de nubes en el atardecer.

Rezar el rosario en las noches y caminar por la casa y el jardín, como lo hacía mi Mamá. Si la noche está clara, contemplar las estrellas mientras rezo y en el invierno ver la lluvia caer desde la ventana. Cuando vivía en Houston, el aeropuerto Bush estaba bastante cerca y desde mi ventana podía ver los aviones alineándose para descender con sus luces parpadeantes como luciérnagas en las noches de primavera.

Ver los atardeceres. Cuando trabajaba en Los Ángeles, California, tomaba el tren a San Diego, con frecuencia por las tardes y a la puesta del sol iba pasando siempre por el área de Oceanside que tiene unas playas encantadoras y en donde los "surfers" parecen pececitos saltando de ola en ola. El sol como disco de oro, va bajando poco a poco a la línea del ocaso.

Dicen que unos segundos antes de que desaparezca puedes oír la voz de Dios. Me impulso a creer que es cierto, pues solo Dios es capaz de crear un atardecer como esos. Cielos llenos de nubes con pinceladas de una luminosidad increíble de rosa y oro; en cielo despejado, la luz del ocaso se va apagando paulatinamente y hasta las aves paradas en los árboles o en los alambres de la electricidad hacen pausa en sus trinos y contemplan la marcha del sol; en la montaña cae el sol como una moneda en la alcancía del mundo y ahorra bellezas para el siguiente día.

Todo esto me encanta, pero mucho más el reconocer la gracia de Dios que se desborda en la generosidad de la naturaleza que nos rodea.


Malena
8/28/2010

# EL PAAAN

El pueblo donde vivimos cuando éramos niñas, tendría entonces apenas unos 5,000 habitantes. En Baja California, era el más pequeño comparado con Mexicali, la capital del entonces territorio Norte y Tijuana, la ciudad más turística del mundo. Esta última famosa, primero por su casino Agua Caliente durante la prohibición de licor en los Estados Unidos durante los años 20's y parte de los 30's y después por su Hipódromo, con carreras de caballos y galgos, sus cantinas y tiendas de curiosidades.

Pueblerinas típicas y genuinas, frontera con Estados Unidos, mitad anglo y mitad hispanas. Tranquilo, pocos automóviles, todo mundo se conocía y rumbo a cualquier lugar, se saludaban de "buenas tardes" cuando menos.

` En el verano me recuerdo muy bien que al pasar por cualquiera de las calles, como a eso de las 5 de la tarde cuando ya empezaba a refrescar el calor, los frentes de las casas con sus jardines o árboles frutales olían a tierra mojada y los jóvenes salían a caminar, a comprar raspados o solamente a "dar la vuelta" al parque central. Muy olorosas ellas a "Ramillete de Novia" o "Blue Waltz" y los muchachos a jabón Palmolive o Colgate.

Muy cerca del parque y por la calle principal, había una panadería. Por las tardes alrededor de las 4 o algo así, llegaba hasta la casa de nosotros, el olor a pan recién horneado y al poco tiempo pasaba un señor, con una caja plana de madera cubierta con un mantel limpísimo y prendido en las esquinas con broches de madera para colgar ropa, sostenido en la cabeza sobre un cojinete y del brazo llevaba una tijera también de madera que al abrirse apoyaba la caja para que los clientes pudiesen escoger la mercancía que consistía en pan dulce y bolillo.

Mi mama salía con un platón y compraba, Conchitas, Ojos de Buey, Picones, Cochitos, y Campechanas para mi Papa. Por toda esa calle se oía "El paaaan" y en algunas casas ya lo estaban esperando.

Rica merienda con pan recién hecho que olía a gloria. Al bolillo también le poníamos nata con sal, frijoles refritos, mermelada de membrillo hecha en casa o simplemente queso. Un vaso gigante de leche en el tiempo bueno o de chocolate, o café con leche en el tiempo de frío.

Todo el pan que se iba quedando, lo guardaba mamá y cuando ya tenía una buena cantidad hacia pudín. Remojaba todo esto en leche, le agregaba azúcar, mantequilla derretida, pasitas y vainilla cuando menos, nueces y fruta seca cuando se quería lucir. Lo distribuía en moldes rectangulares, los horneaba y después los ponía a enfriar en la mesa de la cocina. Impacientes por comerlo, dábamos varias vueltas, hasta que mamá decía que

ya se podía cortar. Nos gustaba mucho y mi hermana Conchita, la más chica, lo bautizó con el nombre de "Tango". Por qué? Quién sabe. Ella pedía una rebanada de tango.

Me entra una nostalgia por todo eso y extraño todas esas escenas que fueron parte de mi vida familiar y pueblerina. Gracias a Dios

Malena

Otoño de 2013

# LAS SOBRINAS

De los 5 hijos de mis padres, solo hubo 5 nietos en total. Dos varones y 3 niñas.

Cuando estas niñas nacieron, ya los varoncitos eran adulto y adolecente.

Disfrutamos mucho su niñez. Y aunque vivían en otra ciudad, nos visitaban con frecuencia.

La mayor, una niña simpatiquísima, bien parecida y cariñosa con todas sus tías y demás familiares. De pequeñita yo le llamaba por mote "Simona". Esto se debía a que nuestro abuelo materno, cuando nos visitaba que era poco frecuente y vivía a muchos kilómetros de distancia se pasaban unos días en casa y a nosotras nos encantaba verlo tomar fruta después de su siesta. Nos acercábamos a la mesa y lo observábamos sin perdernos detalle. Cuando menos lo esperábamos le decía a alguna de nosotras: Farsante, y a los minutos a la otra: Cascaripluma; después Simona y nosotros nos reímos sin control por sus motes cariñosos. Nunca se nos olvidó.

Así que en la primera oportunidad ya que esta niña podía entenderme, le decía yo: Simona y ella me respondía y tu tía Copetona. Ahora es una señora de su hogar con dos hijos encantadores. Solo que viven lejos y no hay mucha oportunidad de Simonear a su hijita.

Me la llevaba al mercado de compras y en el camino ponía yo una grabación francesa muy pegajosa que yo cantaba un poco y después ella también la cantaba a toda voz.

Ya más grandecitas, venían de visita y como ya había nacido mi nieto, se encantaban con él y le enseñaban cantos de su escuela de parvulitos. Entre ellos: Don Pancho y su barriga, riga, riga se fue a tomar café, café . O Un minero, en una Mina una hija poseía, era bella era fina y se llamaba Clementina. Mi nieto a quien le gusta mucho la música, pronto se las aprendía y se llenaba de gusto cuando las visitas coincidían.

La segunda, también una señora de hogar tenía su especialidad. Ella decía que era muy valiente. En una ocasión, mi hijo había puesto como broma, una araña de plástico en el piso del comedor. La primera reacción de todas al descubrirla fue de terror y yo fui rápido por la escoba. Esta niña se acercó la examino y dijo: "no le tengan miedo es de blastico". Añadió, "yo no le tengo miedo a nada, soy capaz hasta de matar" Cabe decir que no se nos olvida esa frase célebre y la utilizamos de semblanza cuando se presenta la oportunidad.

Recién dio a luz a una niña, bellísima y simpatiquísima a quien le pusieron el nombre de Fátima. Su esposo está feliz y los abuelos paternos y maternos no se diga. Yo creo que será muy feliz, porque ante cualquier peligro, ya sabemos de lo que es capaz de hacer su mamá.

La más pequeña de mis sobrinas, tenía unos cuantos meses cuando mi Madre murió. No la recuerda. Muy simpática también y llena de alegría siempre. Terminó su carrera de Psicología y sus padres están muy orgullosos de ella. Como no! Todos nosotros también. De pequeña dormía con un sinnúmero de muñecos de peluche que casi no cabían en la cama.

Los otros nietos de mis padres varones, produjeron 3 varones también. Ahora ya adultos pero llenos de anécdotas que un día contaré.

# LA MECEDORA

Pasaron más de veinte años y regresó a mis manos la mecedora de Mamá.

Era un regalo que le hiciera su hermana Lupita. De madera, con respaldo alto y de suave vaivén. Se la trajo mi tía para que meciera a sus nietas que estaban muy pequeñas. Por alguna razón mi Mama siempre añoraba tener una mecedora y por que no la tenía, solo Dios sabe. Nosotras ya estábamos formando nuestras propias familias y no había más pequeños.

Cuando vivíamos en Tecate, había en la sala de nuestra casa, una mecedora grande, tipo sillón, donde las hermanas chicas se mecían con impaciencia, cuando los pretendientes estaban de visita y ellas eran los asignados chaperones. Repetían al unísono como oración, "Queremos dormir, Queremos dormir" y los jóvenes, ni por aludidos se daban prolongando la visita hasta muy tarde. Cuando nos fuimos a vivir a Tijuana no recuerdo si vino con nosotros o ya había ido a dar a la casa de un "pobre digno" como decían mi Mamá y mi abuela.

Varios años después nacieron las nietas, Rosalbita, Lucia y Paty. Mamá iba a Tijuana a pasar días con ellas y ellas también nos visitaban por acá. Por supuesto a ellas les tocó mecerse en sus brazos.

Cuando ella murió, tendrían apenas, 4, 2 años, y 7 ½ meses. La mecedora pasó a su casa.

Ahora estas niñas, son ya unas profesionistas, pero sobre todo bellísimas personas, físicas y espiritualmente que pronto formaron sus propias familias.

Le tocará a alguna de ellas utilizar la mecedora para sus hijos?

Cuantas generaciones más disfrutarán de ella?

Acá se las guardo.

Malena

# DÍA DE LOS MUERTOS

México es un país rico en tradiciones, leyendas, historia e infinidad de otras cosas.

La conmemoración de los fieles difuntos, que se celebra el 2 de Noviembre es una de ellas y tal vez la más significativa. Tiene influencia primordialmente española, pero también está mezclada con la influencia pagana/nativa de cada estado.

La tradición dice que: los difuntos regresan a la tierra. Religiosamente, el día 1ro. de Noviembre de celebra el día de todos los santos y el día 2 el de los difuntos. Para esto es necesario preparar el lugar que los difuntos van a visitar. Por eso el "altar de muertos".

En este altar se colocan en varios niveles los siguientes artículos:

- ropa del difunto
- su comida y bebida favoritas
- un espejo para que se reconozca
- sus lentes (si los usaba) sus cigarros, sus libros preferidos, etc.
- se ponen flores: de muerto, que son flores del campo, o cempasúchil que es de temporada.
- se adorna además con papel "picado" es decir, papel de china cortado con tijeras que muestra figuras de calaveras en diferentes situaciones, ya sea bailando, comiendo, etc.
- se rodea el área con ceniza, para que puedan ver por donde pasó o entró el difunto.

Todo esto es muy pintoresco puesto que los deudos se esmeran en arreglar el altar de la mejor manera posible y lucirse ante todo el que pasa. Algunos de estos altares se colocan en el panteón sobre la tumba del familiar o en su casa o en algún lugar público utilizando personajes famosos de la entidad o de México. Es tradición visitar los altares de muerto y comer cierta clase de pan que se denomina, como no, Pan de muerto.

Cabe decir que es de rigor el velar por unas horas frente a la tumba, para que el difunto se sienta en familia.

Recién visité una población en el estado de México denominada Valle de Bravo. Es un lugar bellísimo, bastante colonial y enclavado al pie de la sierra donde se alza el volcán apagado llamado Nevado de Toluca.

Ahí me comentaba una persona, los rituales a seguir cuando fallece una persona en casa.

Se llama a la funeraria y mientras llega, se prepara el cuerpo, lavándolo y vistiéndolo, sin zapatos o calcetines, se escoge el lugar donde será velado en la casa; se hace una cruz de ceniza en el piso y se coloca una sábana donde se pone el difunto. Una vez que llega la funeraria con el ataúd, se coloca el cuerpo y se inicia la velación. Bajo el ataúd se coloca una calabaza grande cortada a la mitad sobre la cual se vierte un poco de vinagre. No se retira hasta que regresan de sepultarlo en el panteón después de la misa en la Iglesia.

Estas tradiciones datan de la época pre-colonial y salvo algunas pequeñas adaptaciones, en muchos lugares de México se continúa con esta práctica, sobre todo en los pueblos y en las familias muy apegadas a la antigua.

He tenido la oportunidad, en numerosas ocasiones, de visitar algunos de los estados del centro de la república mexicana, en donde estas tradiciones se siguen fielmente. Cada una es especial y tiene su propio estilo.

En el estado de Michoacán se le llama Animecha Pas quechua. (Paso de las ánimas). Sobre todo en el lago de Patzcuaro y la isla de Janitzio. Creo que esta celebración será la que mas se conoce en el mundo entero, por su solemnidad, derroche de velas, flores y alimentos. Los pescadores del lago utilizan unas redes que parecen mariposas con las cuales pescan los charales, pescaditos diminutos como las anchoas que se comen en fritura crocante con tortillas de maíz y salsa picante. Pues bien, en cuanto empieza a oscurecer, cruzan el lago con linternas encendidas y llevan sus ofrendas para ponerlas en las tumbas de sus seres queridos. Hasta ahí se permite el paso a los visitantes. La ceremonia que sigue es estrictamente para los nativos de la isla. Impresionante!

También es tradición hacer las "calaveras". Esto consiste en preparar versos en los cuales se hace mofa de las personas conocidas. Por ejemplo, en el periódico se publican algunos sobre los políticos o artistas de teatro, cine, etc. En las empresas por lo regular corren clandestinamente algunas hojas con versitos sobre los empleados. Recuerdo a mi Papa, preparar algunas para los funcionarios de la empresa donde el prestaba sus servicios como Jefe de Recursos Humanos. En algunas ocasiones, recibió el reclamo airado de alguna persona que se sentía ofendido, pero normalmente, se aguanta la broma.

Me fascina!


Malena

# CAPILLA ECCE HOMO EN JERUSALÉN

Octubre 24, 2012-11-12

Fuimos al centro de la ciudad vieja. Caminamos sobre la Vía Dolorosa entre puestos de especias, ropa, artículos religiosos y mil otras cosas que ofrecen los vendedores árabes.

El día estaba muy placentero, no hacia tanto calor. Nos dirigíamos a la Fortaleza Antonia. Este lugar se llamó así en honor de Marco Antonio, el famoso general de las Huestes Romanas. Era costumbre nombrar una construcción en honor de algún personaje famoso. Pues esta fortaleza no era otra cosa sino una cárcel donde eran llevados los prisioneros para ser juzgados ante las autoridades romanas. A la entrada tenía un portal de tres arcos, uno mayor al centro y dos a los costados. El Arco mayor está precisamente sobre la Vía Dolorosa.

La Biblia dice que ahí estaba Poncio Pilatos presidiendo. Después de hablar con Jesús y no encontrándolo culpable, lo mandó azotar esperando con eso calmar la furia de los Mayores del Sanedrín. Después de atarlo a la columna lo azotaron brutalmente, lo cubrieron con un manto rojo, le dieron una caña por cetro y al coronarlo con espinas los soldados le decían: Salve Rey de los Judíos! Pilatos lo mando traer y al verlo cubierto de sangre, se estremeció Al presentarlo nuevamente a la turba les dijo en latín: ECCE HOMO (aquí está el hombre).

Pues bien, en este preciso lugar se ha construido una capilla que lleva ese nombre: ECCE HOMO. Aquí se encuentra un convento de religiosas francesas quienes cuidan de este santo lugar y manejan en conjunto una casa de huéspedes.

El Padre Gilberto, Misionero del Espíritu Santo, escogió este lugar para celebrar la Eucaristía. Al entrar al lugar, recorrimos un pasillo que nos llevó directamente a la capilla. En el pequeño jardín interior se encuentra una figura de Cristo en tamaño natural, que lo representa así. Toda blanca, pero con una mirada de mansedumbre que me conmovió. La capilla es muy pequeña, muy íntima, con sillas muy junto al altar y en una de ellas me acomode, porque tenía que mantener mis pies en alto, para lo que utilice el primer escalón del mismo. Al fondo del altar, en la roca original, se encuentra el Sagrario. Debo agregar que la celebración de la Santa Misa era privada, solo para el grupo de 94 personas que hicimos el viaje y como una de las actividades sobresalientes de la peregrinación.

Durante la celebración, precisamente en el momento de la elevación, percibí una presencia inexplicable, alcé la cara y vi como descendía sobre el altar una luz brillante más bien un resplandor; como la luz cuando amanece o el aire que se mueve cuando alguien pasa cerca; y en ese momento tuve el atrevimiento de aspirar lo que yo entendía era como el aliento de Dios. Me invadió una ternura infinita, una paz y una increíble realidad de la gracia que acababa de recibir.

Aparentemente nadie más se percató de nada. Al salir me acerqué al Padre Gilberto y le comenté. Me dijo que esa era una gracia muy especial, "que perfuma el alma". Que me duraría algunos días y que lo anotara en mi diario o en mi cuadernito de notas. Agregó que hiciera recuerdo frecuente de ese momento para obtener fortaleza y muchas gracias.

Durante las noches de nuestra jornada, el Padre Gilberto nos reunía para comentar nuestras impresiones y hacer alguna reflexión sobre los santos lugares que habíamos visitado ese día.

La última noche que pasamos juntos todo el grupo, el Padre hizo una recopilación de todo el viaje. Estuvo preguntando en que lugares había alguien percibido momentos muy especiales. Fueron respondiendo y en ciertos sitios, eran 4 o 5 o 3 personas, pero en la Capilla de ECCE HOMO, fuimos 17 personas.

Cada vez que recuerdo ese momento, lo vuelvo a vivir y me lleno del amor de Dios. Siento una gran paz interior que me sostiene en todo momento. No hay palabras para alabar al Señor por su bondad. Soy toda de Él, para Él y con Él.

El amor de Dios no se describe, se percibe y se vive. Amen

Malena Peñalosa

# THE ANGEL AND
# THE LITTLE BOY

(A story for my grandson when he was 5 o 6 yrs. old)

There was a little boy who lived with his family in a very small town, in a very little house, and who went to a very little school. The family was very poor and they had no money to buy shoes for the little boy. But he did not care, every morning he would get his backpack and happily walk to school even though it was very far and the other little boys at school would not play with him because he had no shoes on.

One day coming home from school he met another little boy he had not seen before. The new boy said: - Hello! What is your name?. The little boy responded:-I am Ricardito and who are you? The other boy said: -My name is Angel, can we play? Ricardito answered: -First I have to get home and see if my Mom needs anything. -I will help you, Angel said. Ricardito had to feed the chickens, empty the trash cans and clean the patio before he could play, but the other boy helped him and they finished real fast. From then on, Angel would meet Ricardito on his way home and after doing the chores, they played. He was not lonely any more.

It was Christmas Eve and Ricardito's dad received a bonus at work, so he purchased a couple of tin solders for his son. Ricardito was very happy but remembering his friend Angel, asked his parents if he could give one of the soldiers to him. The parents agreed. On Christmas day, Ricardito waited and waited for his friend, but he never showed up, it was snowing very hard.

Ricardito went to bed and prayed for his friend hoping he would be okay. At that moment his room was lighted very brightly and Ricardito saw Angel standing next to his bed. He said:- Angel!! I was worried about you, I have a Christmas present for you! Angel smiled and said: -Do not worry, for you see, I am a real Angel that has been keeping you from harm, because you are a good boy and God loves you very much. -Today the son of God was born many, many years ago, and as we celebrate his birth we are also born again in God's love. Angel opened his present and saw the tin soldier, he said: -I also have a present for you, he took his shoes off and gave them to Ricardito, then disappeared and was never seen again. Ricardito wore those shoes for many years, because they seemed to grow with him and never worn out. And he always remembered that a little Angel with no shoes will always take care of him.

The end

# LA VOZ DE DIOS

Alguna vez has escuchado el mensaje de Dios, tan claro y tan preciso que no puedes adjudicarlo a nadie mas? Te cuento.

Mi hermana Mina es sobreviviente, gracias a Dios, de cáncer de seno. Durante su recuperación, la acompañé a sus sesiones en los grupos de apoyo para pacientes y sus familiares. Conocimos personas increíblemente heroicas, positivas, temerosas, cariñosas y hermanables.

Tuvimos la suerte de contar con dos mediadores entrañables: Sarita y Roberto. Ellos guiaron a la audiencia en sesiones extraordinarias, de relajación, de exposición de alma, de amor y sobre todo de una actitud positiva que es vital para estos casos. También participamos activamente en toda clase de eventos de reconocimiento, de campañas de información, de recabacion de fondos para investigación y una muy especial que se celebra anualmente para honrar a los sobrevivientes y a los que no lo lograron.

En una de esas ocasiones, al hacer las reservaciones para asistir, ordenamos una "luminaria" con el nombre de nuestra madre que no sobrevivió al cáncer. Esto consiste en una bolsa de estraza con arena y una vela que se enciende durante el homenaje. Se colocan alrededor de la pista de un estadio y cuando empieza a oscurecer, se encienden y entonces se inicia una caminata alrededor de la pista, en silencio, solo con luz de mano y guiadas por un gaitero que toca Amazing Grace! Es impresionante!

El día del evento, llegamos a eso de las 4 o 5 de la tarde y estuvimos recorriendo las exhibiciones informativas, escuchando música y departiendo con conocidos. En eso pidieron voluntarios para colocar las luminarias que llegan a varios cientos, pues se colocan más o menos a un pie de distancia. Nos acercamos a las personas que estaban repartiendo las cajas con las luminarias y procedimos a colocarlas, donde nos indicaron. Cual no sería nuestra sorpresa que entre esas luminarias estaba la de Mamá! No tengo mucho que agregar a esto, solo que caminamos sintiendo la bendición y la presencia de Dios y de Mamá.

# VULGABULARIO FAMILIAR MEXICANO

Tenemos en México muchas expresiones vulgares "muy atinadas", folclóricas y precisas que se utilizan como adjetivos calificativos para ciertas personas o circunstancias (verdades) de o sobre algunos individuo(a)s. Estos son algunos que recuerdo:

| | |
|---|---|
| "Que padre" | Que está muy bien, fabuloso, fantástico |
| "Que madre" | Que algo falló, que no salió bien |
| "En la madre" | Que le dio en la torre, lo aniquiló, lo derrumbó |
| A toda "madre" | Buenísimo, perfecto. |
| Chi—a a tu madre | ¡desgraciadísimo, vete al diablo! |
| "pa' su madre" | frustración inesperada |
| Eligio | pretende ser nombre vasco, eg., Eligio de la Chingoitia |
| No tiene madre | sin escrúpulos |
| Hijos de su madre | incorregibles |
| La madrecita esa | algún aditamento irreconocible por nombre |
| Tu abuela | yo no, |
| Tu madrina | yo no, |
| Yo soy tu tía | respétame |
| Vale madre | no me importa |
| Tú y tu madre | váyanse al diablo |
| Mamacita! | Qué guapa estás |
| Que ranazo se dio | Cayó al suelo y se lastimo |
| Huevón | flojo, flojonazo |

# ANTOLOGÍA DEL PEDO

Inoportuno, inesperado, silencioso, letal, explosivo, vergonzante, relajante, furtivo, rompehielos, fortuito, sorprendente, súbito, vaticinado, intimo, etc. Los adjetivos no son suficientes para definir cada situación en la que "reina" este gas metano de consecuencias escandalosas. El nombre correcto, que aparece en el diccionario: flato. Exceso de gases acumulados en el intestino. El otro es pedo= gas expulsado por el ano. El nombre elegante es flato, por tanto: flatulencia. Pero también se refieren al pedo como: se echó un gas, se tiró un cuas, se le salió un pun, se le cayó uno, ventolencia, etc. Existe una tercera categoría y esta se refiere a la "tos cuata". Cuando al toser se te sale "uno." Por lo regular inofensivo y desapercibido con eso del ruido ni quien se percate.

Encantadora la manera de poner apodos a los que con frecuencia "se andan tirando sus pedos entre la gente": "El pedorro(a), el petocho(a), el jediondo(a), la pedos tristes, la metrallita, la dorrape, etc. Todos muy atinados. Encontré otra definición (muy común en México y es la intoxicación por alcohol, apodo de los beodos a los que se conoce porque siempre "andan bien pedo", o "es pedísimo", o "también es tan pedo". Otra definición es: problema difícil de resolver, por eso es la pregunta: "Cuál es tu pedo"?

Por qué causa risa incontenible cuando sucede y cuantas veces se comenta alguna anécdota? Mi mamá decía que es innato en el mexicano, festejar el pedo, o el dope, o la pluma, o un "dope" como dicen los elegantes. Como ella vivió en varias ocasiones en el estado de Sonora, decía que el indio yaqui festejaba mucho el pedo.

A instancia de varios primos y amigos me atrevo a relatar algunas anécdotas muy simpáticas que cuando se recuerdan, estamos como tontos muertos de risa. Por supuesto y para proteger identidades, se han cambiado fechas, nombres y lugares, pero hago la aclaración que conozco personalmente a cada uno de estos personajes y hasta que, me consta que estas narraciones son de hechos verídicos, ahora ya históricos.

# DE VACACIONES

Durante un viaje a España, dos amigas visitando la Alhambra, se dirigían ya al final de la tarde hacia la salida del lugar. Después de caminar todo el día por ese bellísimo palacio árabe, una de ellas dijo: Necesito ir al excusado y como vieron uno cercano se aproximaron, pero el hedor era tan intenso que decidieron continuar. Una de ellas iba alrededor de unos 20 pasos al frente y, la pobre, viento abajo. La que iba atrás, discretamente dejo escapar "uno descalzo". La que iba al frente, dijo: Yo creo que ya andamos cerca de un excusado, porque me dio olor a "dope". La culpable pensó que efectivamente habría un excusado cerca y discretamente dejo ir otro. Entonces la que iba al frente exclamo!: Si tiene que estar muy cerca el excusado porque ya me dio más fuerte el olor. Entonces la que iba detrás se acercó a su amiga, apuntándose a sí misma, risa y risa, le dijo: "Mira creo que ya descifré el misterio". Inmediatamente la otra corrió hacia el frente.

El primer edificio al que llegaron era una tienda de recuerditos y entraron con dificultad pues había dos camiones de turistas franceses dentro de la tienda. Como ellas solo deseaban cambiar un billete grande de pesetas, para el taxi, buscaban inútilmente algo muy económico para "quebrar" el billete grande. Se fueron los turistas franceses y se quedaron solo ellas dos en la tienda que era un solo salón con mesas alineadas sobre pasillos. Las empleadas, comentaban airadas sobre los clientes franceses y preguntaron entre sí, quien había vendido el abanico de encaje blanco. Como ninguna lo hizo, supusieron que lo había sustraído los franceses. Mientras tanto las amigas, no se decidían a adquirir nada. Una de ellas dijo: Vamos a tomar un café o algo y volvemos. La empleada inmediatamente agregó: Si, váyanse y si deciden comprar algo regresan. Claro que esta actitud se toma como poco cortes en nuestra cultura mexicana y una de las amigas, al punto de cruzar la puerta de salida dijo en voz alta: "Aquí te habías de haber tirado ese pedo que desperdiciaste en el camino! Y Salieron muy airadas.

# EN LA OFICINA

Platicaban una tarde, ya casi para cerrar la Sucursal, del Banco en donde prestaban sus servicios, dos funcionarios de la misma. Una dama y el jefe de Operaciones. El escribía en maquina una notificación (esto es antes de las PCs) y ella iba pasando rumbo a la trastienda con intenciones de hacer una "parada técnica" en el baño". Este tenía un buenísimo humor y siempre estaba alegre y haciendo comentarios cómicos de cualquier situación que se presentara. En dicha sucursal trabajaba una cajera, una chica gordita que tenía una malísima digestión y con frecuencia a su alrededor había una "aura" de olor a sulfuro. Este tenía su escritorio muy cerca de la línea de las cajeras y también comentaba que percibía muy seguido el olor a gas metano, por consecuencia le pusimos el mote de "La dorrape".

El caso es que en esta ocasión la dama en cuestión (la funcionaria) se detuvo para hacer un par de comentarios que dieron ocasión al Jefe de Operaciones para provocar la broma y se estaban riendo incontenible mente. Haciendo una pausa, el Jefe le dijo a la dama: "Ya vete, no me dejas trabajar y tengo que terminar esto". Ya solo quedaba una cajera abierta y un cliente a quien se le atendía justo donde estaban estas dos personas platicando. Entonces la dama dijo: "está bien, ya me voy" y al dar el segundo paso, se le salió uno "tronado". Imagínense la vergüenza de ella, el solo dijo: "No lo puedo creer" y soltó la carcajada. Ella dijo: "perdón" y más roja que una fresa se fue rápidamente hacia atrás. Ella de inmediato se metió en el excusado para: esconder su vergüenza, orinar y morirse de risa. A los pocos minutos, llego el Jefe de Operaciones y empezó a llamarla "Dorrape, Dorrape, no te escondas, ya para qué. Seguía doblándose de risa. Salió ella del excusado muy apenada, pero al mismo tiempo riéndose y dijo el: "ya no puedo más, me duele la cabeza, nunca me había reído tanto en mi vida". En seguida entró también la cajera que presenció el evento, había terminado de atender al último cliente-testigo de la tragedia y se doblaba de risa, pues estuvo conteniéndose hasta que terminó con su cliente. Pasado exactamente un mes, la dama encontró sobre su escritorio un florero con una rosa y una tarjeta, intrigada la abrió y en ella decía: "Feliz Aniversario" del pedo. La firmaba el Jefe de Operaciones. Jamás olvidó el percance y siempre que se presentaba la ocasión la llamaba "dorrape".

# REUNIÓN FAMILIAR

Habían planeado las hermanas, hacer el viaje a la ciudad cercana para atender en la noche a una reunión familiar anual. Como en esa época no había hoteles "decentes" en ese lugar, una amiga ofreció su casa para hospedarlas y como se conocían desde niñas, también fue invitada al evento. Llegaron por la tarde con su ropa de cama y equipaje y otras viandas para la anfitriona. Se acomodaron y prepararon para salir a eso de las 7 de la noche. La amiga vivía en el centro de esa ciudad con su mamá que era una señora muy entrada en años. La señora se preparó para acostarse temprano y las tres se fueron encantadas a la fiesta.

Esta reunión anual comprendía más o menos unas 150 personas, entre ellas algunos tíos y tías de la "segunda generación" a partir de los abuelos, primos, sobrinos, etc. Cada familia aportaba un platillo y bebidas y todo se preparaba en mesas como buffet. Se contrataba un pequeño conjunto musical o un "disc jockey" para amenizar. Todo era alegría, fraternidad y se aprovechaba para presentar los más recientes incrementos en la familia, ya sea de recién nacidos o de novios, novias, esposas o esposos. Después de las presentaciones de las nuevas adiciones, por familia. Se brindaba por la concurrencia y por todos los "ausentes", por fallecimiento, trabajo o porque habían "caído de la gracia" de la familia. En seguida se pasaba al buffet, que se componía de todas las especialidades y platillos clásicos de las tías y primas de la familia. Casi nunca sobraba nada. Ya por la media noche, las tres personas en cuestión se retiraron a descansar. De regreso a la casa, la anfitriona abrió la puerta de su casa y dio entrada a sus amigas. En cuanto cerró la puerta, tomo posición y ha soltado un largo y sonoro pun. Soltó la risa por supuesto y las amigas también. Una de ellas le dijo en broma: Amiga, con qué derecho nos faltas al respeto? Y ella contestó: Con el derecho que me otorga la amistad de tantos años". "Me estaba matando ese pedo desde que comí y no hubo oportunidad de soltarlo, pues el baño siempre estuvo ocupado y o alguien estaba muy cerca de mí en la fiesta". Pero, respondió la amiga: "vas a despertar a tu mamá! La anfitriona risa y risa replicó: Ni peligro, mi mamá está más sorda que una tapia".

En otras ocasiones en que había reunión familiar, siempre se recordaba el suceso entre esas amigas, aun cuando no se hospedaran en su casa.

# EN EL TRABAJO

Andaba este joven, temprano en la mañana, preparando los artículos que se necesitarían durante el día en el lugar de "comida rápida" donde desempeñaba sus servicios. Tenía que preparar y reponer todo los que se utilizaba, para estar disponible durante el día en que había muchísima actividad y nada de tiempo para estar supliendo lo necesario. Por lo tanto, se dirigió al cuarto-refrigerador donde se conservaba todo lo necesario, como la carne, el queso, las verduras frescas, las salsas, y los demás ingredientes para preparar hamburguesas. Como se encontraba solo y acaba de desayunar, de pronto sintió la necesidad de dejar salir uno que otro pedo para aliviar la presión estomacal. No habría peligro de que nadie se diera cuenta, creyó él. Inesperadamente, entró uno de los empleados buscando ciertos artículos y cuando vio a su compañero muy diligente acomodando los artículos, se acercó, para su desgracia. Empezó a husmear y dijo: "a caray, aquí huele muy mal" y siguió por el pasillo. Volvió a decir, si aquí huele mal. Entonces, le preguntó al otro, "¿Te peyaste carnal?. El primero no pudo más aguantar la risa y soltó la carcajada. Dijo el segundo: "fiuu, que mal" y se salió rápidamente. Pero ya se lo había acabado.

Moraleja: Prudente es, entrar con cuidado a sitios muy encerrados o a esquinas solas en los establecimientos muy concurridos.

# EN EL CINE

Hace algunos años nos platicaba un sacerdote que durante sus viajes a las poblaciones vecinas a su parroquia, solía quedarse un par de días por ahí, para asistir al párroco local en lo que fuera necesario, especialmente durante los días de cuaresma, fiestas del santo patrono, etc.

En esta ocasión particular, era verano y se acostumbraba pasar películas al aire libre en el patio trasero de la iglesia. Yo recuerdo que en mi población también hubo unas ocasiones en que se exhibían películas con historias de los santos y no faltábamos. La gente ya sabía el día, el horario y la película que se iba a exhibir. Tomemos en cuenta que en muchos de esos pueblos, no existían cines, ni había videos ni siquiera Netflix, HBO. etc. Así que todos esperaban con ansias los días de "cine" y sobre todo que era totalmente gratuito y toda la familia podía asistir.

En esta especial situación, comenzó la proyección de la película, cuando terminó el primer rollo, todos los que así lo requerían corrían al baño, o a tomar agua, o a saludar a un amigo, etc. Ya casi para terminar el segundo rollo, cuando todo mundo está ensimismado en la trama de la película, se escuchó de repente un sonoro y furtivo pedo. Nadie hizo ni dijo nada.

Al terminar el rollo, se encendieron las luces y se procedió a colocar el último rollo en el proyector. Al momento de iniciarlo, se escuchó una voz que gritó: "Dice el señor que se tiró el pedo, que le hagan el favor de perdonarlo". En ese momento, todo mundo soltó la carcajada y tuvieron que hacer una pausa en la proyección para dar tiempo a que terminaran las risas. Esa función fue todo un éxito y todavía se recuerda como hecho histórico en esa población. Vaya pues!

# DE VIAJE EN CAMIÓN

En esta funesta ocasión, madre e hijo (el estudiante de ler. o 2do. año del CETYS, viajaban rumbo a Sonora a visitar unos familiares. Como eran aproximadamente unas 14 horas de recorrido, se pusieron cómodos para el viaje, ya que este camión solo hacia parada para los alimentos.

Después de unas cuantas horas de viaje, la señora que iba sentada precisamente detrás de estas personas, se acercó a la otra señora y le dijo: "yo creo que alguien viene mal del estómago, porque hace ya rato que me vienen unos muy malos olores". ¿A usted no le da?" La señora de la fila de enfrente respondió: "Si ya lo había notado, pero como no falta siempre alguien así, no había dicho nada". Entonces se volteó hacia el hijo y le preguntó "¿No te ha dado el mal olor a ti?" Este no respondió de palabra, solo se apuntó a sí mismo. La pobre mujer ya no hizo más comentarios. Tal vez porque iba abrumada por la pestilencia y la vergüenza ajena.

# AMISTAD

Era una tarde de verano, de esas en que no hay nada que hacer en un pueblo fronterizo, de reducido número de habitantes, pocos centros de diversión, o sea, solo un cine y un parque en el centro.

Los amigos vecinos se encuentran a platicar o a inventar algo, como jugar pelota, patinar, o lo que salga. En esta ocasión a que nos referimos, este joven adolecente se encontró con tres amigas más o menos de la misma edad que vivían en la misma "cuadra". Frente a la casa de una de ellas, había una cancha de volleyball que durante la temporada era el centro de reunión de los aficionados y en el día servía para practicar a los que desearan utilizarla. El suelo de dicha cancha estaba cubierto de asfalto, pero como en ese lugar hacía mucho calor, existía la necesidad de "aplanarla" con un rodillo de acero que pesaría lo menos media tonelada, (por nombre más conocido, era una aplanadora") para emparejar los surcos que se formaban por la expansión del material. Pues bien, dicho artefacto estaba colocado a un lado de la cancha bajo un frondoso árbol de mora.

Nuestros personajes, decidieron traer una cuerda bastante larga y fuerte para utilizarla a modo de columpio, aventarse de arriba de la aplanadora y soltarse para caer en una cama de arena que había ahí mismo. Por supuesto el joven se ofreció a amarrar la cuerda y a empujar a las chicas para que tomaran vuelo y caer precisamente sobre la arena. Divertidísimos por la idea, comenzaron a aventarse por turnos y la estaban pasando pero de lo más bien. Cuando le llegó el turno a una de las chicas, al tomar impulso para aventarse se le salió "uno" pero tronado. El joven que la "empujo" se dio cuenta y volteando hacia la otra que esperaba turno ya sobre la aplanadora, caballerosamente preguntó: "¿Se aflojo?". Solo obtuvo por respuesta una aprobación de cabeza y siguieron jugando como si nada. Tiempo después cuando se dispersó el grupo, una de las chicas se acercó a la protagonista del suceso y le dijo: ¿crees que no nos dimos cuenta que se te salió un dope? Y dijo: ya sé, pero por eso disimulé. El caso es que todos se dieron cuenta y superaron la situación para no avergonzar a la causante. Es bueno tener amigos de verdad. Vale más un pedo entre amigos que un torzón a solas.

# UN ENCUENTRO

Esta señora salía todos los días a pasear a su pequeño nieto (de más o menos 2 añitos de edad) y lo colocaba en una carriola para poder llevar, agua, ropita o lo que se pudiera necesitar. El niño ya empezaba a hablar.

En eso se encontraron con una señora conocida, por cierto muy pretenciosa y que siempre andaba presumiendo o mencionando situaciones en las que destacaba ella o algún miembro de su "prominente" familia. La señora que llevaba al niño se detuvo a saludarla y la otra empezó a comentar sobre sus familiares, etc. etc. En eso el niño dejo caer uno de sus juguetitos al suelo y la abuela ya se iba a agachar a recogerlo cuando la pretenciosa le ganó, pero al agacharse se le escapó un "cuas". La abuela se hizo la disimulada, pero el niño en su inocencia dijo: "Ooh, Ooh"

La dama encopetada, se retiró inmediatamente pretextando cierta urgencia. Y entonces, abuela y nieto continuaron su camino, sonriendo ampliamente de la "avergonzada interfecta".

# LAS HERMANAS

En la época en que se desarrollaron estos "hechos" las "noviadas" no empezaban hasta después de los 15 años, pero los "novios" de la escuela siempre han existido, aunque en ocasiones uno de los participantes ni cuenta se da. Solo porque a alguien le gusta alguna chica o chico de la escuela o del pueblo, ya pudiera hablarse de esa persona como "tu novio" aunque ni siquiera se dirijan la palabra.

Este episodio comienza una nochecita como a eso de las 7 de la noche, cuando dos hermanas estaban platicando en el frente de su casa y a través de la barda del frente, con dos chicos muy conocidos y supuestos pretensos. Los padres se encontraban en una reunión no más de dos cuadras de distancia, y las hermanitas menores estaban en casa también, pero bastante descontentas por la conducta de sus hermanas, que a pesar de sus protestas seguían platicando con los chicos, ignorándolas.

En eso estaban, cuando de pronto las dos hermanitas, salieron a la terraza, justo enfrente de "los platicantes" y una de ellas dijo: Oigan, para ustedes! Y dándose la vuelta, soltó un sonoro y largo pedo, avergonzando a las pretensas y regresando dentro de su casa muertas de risa. Imagínense la actitud vergonzante de las víctimas de la afrenta. Los jóvenes se retiraron apenados y las hermanas ofendidas no pudieron, siquiera "acusar" a las chiquillas con sus papás, porque les iría más mal a ellas por estar platicando con los chicos.

Hace ya tanto tiempo de este suceso, que no recuerdo cuales fueron las consecuencias del rotundo y ofensivo pedo. De vez en cuando escucho la anécdota y sé que es parte de la historia de la juventud de estas "carnalas".

# EN LA FUNCIÓN DE TEATRO

La señora X, era una persona muy altruista. Siempre se había distinguido por su intervención para fundar una Secundaria para Adultos, en participar en diferentes campañas para algún evento social de mejoras a la ciudad y otras obras importantes para la población en donde residiera.

En esta ocasión tenía planes de apoyar a una de las tribus locales del Norte de la Baja California, llevándoles ropa, alimentos y preparándoles para ser anotados en el Registro Civil, así como darles los Sacramentos en la Iglesia Católica a quienes quisieran. Para esto empezó a organizar una función de teatro con elementos locales, como cantantes, pareja de baile, trio romántico, etc. y una obrita-comedia para niños que se llamaba "La boda de Canuta". Para esta reclutó, nietos, nietas, hijos de amigos, etc., todos más o menos de 13 y 14 años. Estuvieron ensayando la obrita y cuando ya estaban los preparativos terminados se anunció la función de teatro que se iba a efectuar en el cine-teatro local. Se hizo la venta de boletos previamente y también se efectuó la venta la noche de la función.

El programa sería iniciado por los diferentes talentos locales y el número final sería la obrita. Por supuesto que llegamos todos los intérpretes ya vestidos y caracterizados de los papeles correspondientes y empezó la preparación atrás de las bambalinas. El primer número consistía en la participación de un triduo romántico que tocaba la guitarra. Estos jóvenes estaban ensayando por última vez (con el micrófono apagado) antes de levantar el telón. Una de los jóvenes que era la mamá de la novia, estaba observando al trio, cuando se acercó la joven que haría el papel del novio, ya vestida también de hombre y con un bigotito pintado. Al acercarse la primera percibió un fuerte olor a azufre (huevo podrido) y empezó a abanicar diciendo "Uff que peste". Inmediatamente la otra, o sea el novio, dijo: "cállate, no hagas bulla". Muy tarde, los guitarristas ya habían percibido el aroma y se dispersaron rápidamente con todo y guitarra. Unos minutos después empezó la función y los pobres músicos iniciaron su número todos "perfumados".

# TIRO DE GRACIA

Todos en la sala viendo un programa de televisión. Abuelo, Abuela, un par de tías, y un niño como de 12 años. Después de cenar y ya dispuestos a disfrutar del programa, después de un día largo de trabajo cada quien en sus respectivas obligaciones.

En uno de los sillones individuales estaba sentada la joven madre de otro niño que aún no venía a la sala. Al llegar se sentó en el suelo junto a su mamá. A medio programa, la mamá quiso disimuladamente "echarse uno" pero desgraciadamente le salió tronado. Todos voltearon con disgusto y el Abuelo hizo un gesto de justificada desaprobación, otros ignoraron la ofensa. Pero el pequeño que estaba sentado en el suelo junto a su mama, se fue cayendo de lado como si le hubiesen dado un tiro. Todos festejaron la puntada del chiquillo, especialmente el abuelo quien tenía especial apego al pequeño. Moraleja, no se pean en donde hay un grupo de personas y tengan cuidado hacia donde disparan.

# EL NOVIO SORDO

Cuentan que durante el noviazgo de esta joven, sucedieron los acontecimientos que voy a narrar.

El galán muy bien parecido, correctísimo y muy propio. Ella guapa, hija de familia muy conocida en el pueblo y también una chica muy decente. El caso es que el novio, aunque joven era poco sordo de uno de los oídos y había que sentarse del lado que no lo era para poder tener una conversación de corrido con él, y para evitar el "perdón?" a cada momento, que requería la repetición de alguna frase.

En una de estas visitas, la joven se levantó rápidamente del sillón donde estaban sentados en la sala y se le escapo "uno" poco tronado. Ella toda apenada, volteo y le preguntó al novio: "oíste?". Este decentísimo y galante como siempre, respondió: No, que fue? Ella contestó: "No, nada importante". A su tiempo, contrajeron matrimonio y en una ocasión, le comentó ella el incidente. El respondió muy solemne: "Claro que si lo oí, de ese lado no estoy sordo!"

# EL NIÑO CAPRICHOSO

Se cuenta como verídico, pero este yo lo escuché de unas amigas.

Una amiga tenía entonces un niño como de 5 años. Único y tremendamente caprichudo. Como no le gustaba dejarlo en casa cuando iba de visita lo llevaba siempre consigo. En cuanto entraban a la sala, empezaba el chiquillo, Mamá yo quiero ese platito… mamá yo quiero ese platito, dos o tres veces, hasta que la señora lo reprendía; no es juguete niño, ya.

A los pocos minutos, otra vez, Mamá yo quiero esa canastita.. mamá, yo quiero esa canastita,…. Y dale y dale. Paso un rato y se aquietó el pequeño, pero después empezó. Mamá yo quiero esa banderita.. mamá yo quiero esa banderita… otro regaño y la anfitriona dijo por fin. Mira, esta banderita si se la puedo prestar, pero la tengo que bajar de la repisa. Acercó un banquito para subirse, y al segundo escalón, se le salió un pedo bien tronado. Entonces el niño exclamó entusiasmado: Mamá yo mejor quiero esa cornetita, mamá……… Imposible!!!!!!!!!!!!!

# DECORANDO EL BAÑO

Dos hermanas se encontraban muy entusiasmadas una tarde, poniendo una cenefa de papel tapiz, como decoración en un baño que recién había sido remodelado.

Mientras una subida en la escalera de peldaños empezaba a preparar la ubicación del papel tapiz, la otra abajo, acercaba los instrumentos, la brocha de pegamento, el rollo del papel ya cortado, etc.

Platicaban muy contentas de su proyecto, cuando una de ellas, sin querer, al estarse riendo soltó un furtivo pedo, casi a la altura de la cara de la otra inocente que estaba abajo. La pobre víctima, solo alcanzo a decir: "unfortunado gato". Tuvieron que hacer una pausa gigante, para poderse continuar riendo. (Esta expresión es de un personaje de caricaturas que se llamaba Speedy González, era un ratón mexicano que siempre estaba siendo perseguido por un gato y al cual le iba muy mal, pues el ratoncito siempre le volteaba las trampas y caía en ellas con nefastas consecuencias. La expresión no es correcta en español, pero lo cómico de la situación es que pretendía serlo y la hermana la utilizo con mucha elocuencia.

Cuando le detengas la escalera a alguien, ponte de lado.

# EN VUELO INTERNACIONAL

Hace ya algún tiempo, un grupo de amigas se unió a un viaje a Tierra Santa. Su itinerario estaba algo pesadito, pues tendrían que transportarse al aeropuerto de Los Ángeles para tomar el avión que los llevaría a Estambul y de ahí conectar con otra aerolínea para llegar a Tel-Aviv. Iban preparadas para el viaje que sería aproximadamente y en total de 15 horas. Habría que pasar toda la noche volando en la aerolínea Turca, así que iban cómodamente ataviadas y preparadas para pasar la noche lo mejor que se pudiera.

Al subir al avión les mostraron sus sitios y poco después las obsequiaron con un refrigerio, almohadillas, antifaz y otros aditamentos como cortesía. Cuando ya se apagaron las luces, cada quien se acomodó lo mejor que pudo y se preparó a dormir. Para algunas personas, eso es facilísimo, para otras imposible. Dos de ellas quedaron separadas por el pasillo, lo que hace fácil la salida a los baños o simplemente a estirar las piernas, por lo cual iban conformes. Cabe decir que la nave iba repleta de personas en la clase de "negocios". Como a las dos horas, se iniciaron los coros de ronquidos y uno que otro "ruido sospechoso y extraño". Uno de las señoritas en cuestión empezó a hablar o más bien quejarse en voz alta. "Qué barbaridad!; Que ingratos!, Que falta de respeto! No lo puedo creer! Esto es inaudito!. La más cercana a ella se despertó y le preguntó: Que pasa? Que sucede? -Pues casi nada, le respondió la otra, que alguien se acaba de echar "uno" descalzo y hediondo y hasta me despertó del mal olor. La otra le comento, no me dio el olor. No, dice la interrogada, pues cómo? Si ya me lo trague todo yo sola!.

Percances de los viajes en avión, tren o camión. Buen Viaje!!!!!

74

# EN EL JARDÍN

Aquella tarde "memorable por el incidente". Salieron dos señoras vecinas a regar las plantas del jardín en el patio trasero de sus residencias. Siempre platicaban a través del cerco y hacían comentarios de sus logros con alguna planta en especial que estaba floreando abundantemente o de otra que estaba secándose, etc.

En eso a una de ellas se le "torció" la manguera y hacia esfuerzo por destramarla sin éxito. La vecina al verla, le dice: Voy para allá y te ayudo. Gracias contestó la otra. La del problema se fue al otro extremo para poder jalar la manguera, pero al dar el primer paso se le salió "un furtivo" y silencioso. Pensó: menos mal, que bueno que no me pasó frente a la vecina.

Al llegar la vecina, lo primero que hizo fue agacharse para desentramar la manguera y cuando se enderezo le comentó a la otra: ay, creerás que me dio peste a pedo? La culpable le contestó sonriendo, apenada pero con toda la confianza que se tenía: figúrate que se me escapó uno y me alegré de que no me hubieras sorprendido, pero seguramente todavía no aterrizaba o te estaba esperando a que llegaras.

Tengan cuidado cuando se ofrezcan a auxiliar a alguien que cree estar solo por unos momentos. Los rincones solos en las tiendas, o en ciertos sitios, son mala señal.

Andar con precaución.

# DE AMBIENTE NAVIDEÑO

Las hermanas, se preparaban para salir de compras. En esos días próximos a la Navidad, siempre falta algo que adquirir para una última persona que se nos olvidó, o algo personal. El caso es que ambas se encontraban frente a su propio tocador en sus recamaras respectivas y que daban una frente a la otra. Los espejos del tocador estaban colocados en lugares opuestos pero si se podían ver una a otra con la puerta abierta.

Conversando y arreglándose el peinado y el maquillaje, una de ellas tarareaba un villancico; con mucho entusiasmo, cantaba la letra muy alegre y al terminar el versito, dejo escapar con énfasis y sonoramente un par de pedos. Por alguna razón, inexplicablemente dichos punes, sonaron como las dos últimas notas de una canción: tan tan. La interprete, se quedó pensando, me imaginé o de verdad sonaron musicalmente.

Aquí entró el comentario de la otra hermana: "Que pedo tan entonado"!!!!

No hay necesidad de decir que se estuvieron riendo de eso por varios días. Y aunque han pasado años desde entonces, cuando llega esa época, lo sigue recordando con el mismo entusiasmo del día que ocurrió. Tan tan.

Lightning Source UK Ltd.
Milton Keynes UK
UKHW010757110821
388656UK00007B/477/J